Escritos ao Sol

ADRIANO ESPÍNOLA

Escritos ao Sol

antologia

1ª edição

EDITORA RECORD
RIO DE JANEIRO • SÃO PAULO
2015

CIP-BRASIL. CATALOGAÇÃO NA FONTE
SINDICATO NACIONAL DOS EDITORES DE LIVROS, RJ

E75e Espínola, Adriano
Escritos ao sol / Adriano Espínola. – 1ª ed. – Rio de Janeiro: Record, 2015.

ISBN 978-85-01-10426-7

1. Poesia brasileira. I. Título.

14-18484 CDD: 869.91
CDU: 821.134.3(81)-1

Capa: Carolina Vaz

Texto revisado segundo o novo Acordo Ortográfico da Língua Portuguesa.

Direitos exclusivos desta edição reservados pela
EDITORA RECORD LTDA.
Rua Argentina, 171 – 20921-380 – Rio de Janeiro, RJ – Tel.: 2585-2000.

Impresso no Brasil

ISBN 978-85-01-10426-7

Para Moema, a música destes poemas.
E para Paloma e Adriano Filho, o sentido.

Tombo na claridade simples
e os objectos atiram suas faces
e na minha língua o sol trepida.

ANTÓNIO RAMOS ROSA ("Estou vivo e escrevo sol")

Minha voz prolonga,
Neste claro dia, a claridade.

JOAQUIM CARDOZO ("Canto de um dia claro")

Cantei, disse aos dias.
Do meu sangue ergui cidades
com seus ritmos.

ADONIS ("Espelho do tempo e do olho")

O POETA EM MOVIMENTO

Eduardo Portella

O poeta em movimento é aquele que se acrescenta o tempo todo. Aquele que avança verticalmente, extensivo e econômico, porque o mundo é interminável, e a "praia é provisória".

Acompanho desde os seus primeiros passos a jornada inegociável de Adriano Espínola. O poeta, "beira-mar/beira-sol", avança em meio à inconfidência da luminosidade. Transita, com igual desenvoltura, pelas ruas e curvas da cidade, e pelos confins das margens, atento aos "gestos desgarrados do tempo". Predomina a claridade, a uma só vez esfuziante e severa, não deixando dúvidas de que são poemas *Escritos ao sol.*

O poeta policromático mobiliza as cores com isenção e perícia. Mas reconhece o papel singular do azul, "porque o sol abre as comportas do azul", e "o azul estica a linha do horizonte".

A luminosidade corpórea do sol, ou a "luz acidamente derramada", preserva a sua espiritualidade, uma vez que, como afirma o autor, "espiritual é a luz do meio-dia", ou, indo mais adiante: "Sim, o sol — ó pai de todo pensamento". O crédito sem limites aberto ao sol aponta para o amanhecer, e nos leva para longe da mensagem noturna ou crepuscular. Os antídotos da adversidade ganham força, talvez avalizados por Alencar, ou pelo seu conhecido heterônimo, Iracema, provavelmente a primeira habitante da Praia do Futuro. Não falta sequer a esperança teimosa, ou a confiança solidificada pela crença nos sinais emitidos pelo Padim Cícero.

Tudo isso sem qualquer escândalo, sem a menor estridência. É preciso portanto saber cortar a palavra, por dentro e por fora, estancando a hemorragia verbal e dissipando a poluição sonora. Não é um desafio para amadores. É um desempenho de alto risco, que jamais abre mão da companhia do silêncio. O poeta é um laborioso operário do silêncio. Do silêncio mais audível de que se tem notícia.

O poeta é aquele que combinando palavras, com engenho e arte, vai inventando realidades outras. O que demanda cuidados especiais. Nenhum excesso de velocidade, nenhuma dilapidação do acervo poemático.

Adriano Espínola amplia o horizonte poético, e sem esquecer a cidade, até "as esquinas futuras da cidade", o taxímetro e sua bandeirada patética, a difícil parceria do asfalto e do afeto, ele se embrenha pelos sertões reais e imaginários, presentes ou passados, próximos e distantes, quando o sertanejo já não é "antes de tudo um forte".

O seu compromisso saudavelmente desconstrutivo, semântico e rítmico, leva adiante o programa de transformação da língua em linguagem. Porque a língua, na sua placidez canônica, jamais comove ou diverte; apenas ou sobretudo aguarda o novo sopro de vida que deve vir da poesia, da sua energia instauradora. Podendo advir da prosa ou do verso. Porque a poesia nunca foi propriedade privada do poema. Ela pode ser encontrada em diferentes manifestações da linguagem. Tendo em conta que nela se encontram e se desencontram homens e coisas, "sob as asas velozes" do tempo.

Adriano Espínola, intérprete do nosso tempo, evita qualquer concessão ao autoritarismo do sublime, ou da estética da apoteose, redutos arcaizantes de dicotomias persistentes. Sem o menor constrangimento ele diz a que veio:

Sugar o sentido
e a beleza má
do poema.

É uma passagem emblemática do projeto desconstrutivista, destinado a abalar a retórica hegemônica, tipo belo/feio, bom/mau, e desfazer certos dualismos institucionalizados. Aí estamos diante da passagem de um capítulo do tratado geral das verdades intocáveis. Mais uma vez o poeta entra em choque com a legislação insistentemente autoritária. Assim sendo, em franca dissidência com a ordem em vigor, não vacila em afirmar: "não há outra verdade / senão a que invento". Essa invenção é construída com sensibilidade e saber. Alguma dose de *espanto*. É claro que os caudalosos não se espantam. Apenas exibem o seu catálogo de certezas.

Adriano Espínola juntou nesta antologia o vigor poético, o saber de experiência feito e, se me permitir Carlos Drummond de Andrade, "o sentimento do mundo". Esse sentimento inclui a peripécia humana, o sol, "a praia provisória". Aliás, toda praia que se preza é provisória, porque depende do balanço das águas e das rajadas do sol. E o humano, permanente corrida de obstáculos, não está tão longe dos acordos da natureza. O mais, o que não sabemos, somente os verdadeiros poetas podem responder.

PRAIA PROVISÓRIA

FERA

Feito um cão solto,
súbito o sol
salta janela
adentro do quarto.

Inquieto, morde
os punhos da rede,
derruba a sombra
do retrato,

lambe o pé sujo
lá da parede,
fuça a amarela
mancha do espelho,

late: luz! luz! —
depois se enfia,
fiel, no velho
par de chinela.

(Como a cidade
lá fora, fera,
na alva coleira
do novo dia.)

FOME

Se tens fome de madrugada,
toma uma folha de papel em branco
e nela sorve em silêncio
com volúpia o nada
que te espanta e consome.

Se ali encontrares outra coisa
ao despontar o dia
(o pão ainda fresco do sonho,
a palavra que amadureceu de repente
ou os gomos abertos do sol),

chama-me depressa,
porque também tenho fome —
tenho essa mesma fome que não sacia.

MANHÃ

A água nova do dia,
o pão, a fruta, a névoa
do café,

o cheiro, o gosto,
o tato ali desperto
e posto,

ferindo o corpo,
que leve aflora
na cozinha,

enquanto lá fora
o sol a tudo
sacia

de luz — aurora —
e pelas ruas caminha,
desnudo.

CULINÁRIA

O pão

Fazer a própria comida:
o amor integral,
o pão, a lentilha,
o poema grelhado,
o sal na medida:
cozinhar lentamente
esta fome indefinida.

A cebola

Cortá-la camada
por camada
até chegar

ao centro.

((Ao bulbo do nada
do eu mais
dentro.))

Não chorar.

LIXEIRA

As cascas de ovo
& de banana
a folha de jornal
da semana
pedaços de couve
& de tomate
a palavra que sal-
tou suja de chão
o gesto que ficou
pela metade
a história que não
houve:
tudo isso úmido
tudo isso ido
doídoamassado
dentro de ti e do
saco de lixo.

ATENTO

Todos os dias,
batalho silenciosamente.

Ao respirar, busco ser o vento.
Ao caminhar, sou o caminho.
Ao sonhar, engendro o sonho do sonho,
delirante e consciente.
Ao pensar, penso o pensamento
e devagar o componho.
Ao realizá-lo, sou a realidade,
simplesmente.

Não há outra verdade
senão a que invento.

DUBLÊ

O poeta existe
de se ver, ouvir, pegar,
sempre ali desperto?

Ou, mutante,
só acontece
quando reinventa
o quer que seja e a si mesmo,
naquele instante
incerto,
em que ousa mostrar
não a mesma
mas outra coisa,
numa infinita cena
a que ele próprio assiste,
dirige, contracena
e revela
na branca tela
de papel e ar,
entre o *take* do silêncio
e o olhar?

2.

Sim, o poeta é somente
enquanto

projeta o canto,
a trama
sonhada e extrema
de som e sentido:
breve espanto
de ser e não ser
eu ou você
a falar/atuar
no *set*
relampejante
da linguagem: imagem
[fotograma]
do poema.

2.2

Diante
daquilo que se repete,
salta perdido
ou gira a esmo,
aqui e ali,
sabe que mesmo
sendo outro,
no risco
da viagem,
é antes um dublê
de si.

OS HÓSPEDES

As presenças destilam. Chamam de onde?
Jorge de Lima

Orfeu

Dilacerado
pelas trácias
do tempo,

o arco arcaico
do peito,
no entanto,

se retesa
e soa,
outra vez,

noutra voz,
vário,
no leito

do canto,
que não cessa,
visionário.

Édipo

Sugar o sentido
e a beleza má
do poema.

(A falta que chama,
a festa
pervertida.)

Lamber-lhe os
sons e os seios
nesta sede de vida:

branco tesão da fala,
que, vertical,
se entranha

no próprio corpo
ardente
da língua-mãe
estranha.

Sísifo

Uma palavra me falta ainda,
para arrastar poema acima.

Ulisses

A minha pátria
é o agora:
a ela
regresso
como outrora.

2.

À minha pátria
retorno
como
outro
outrora: agora.

Quíron

Metade de mim é o que não foi.
A outra metade, o que poderia ter sido.
Entre as duas, sou-sendo (suponho)
aquilo que sobrou, ferido: o sonho
do dia presente, feito luz e sombra
e carne e agonia — inteiro, no poente.

Narciso

quem sou
ele?

quem és
eu?

pergunto
diante

(ou
através?)

daquele
nós

em uma só
voz

dissonante

Heráclito

Despir-se de todas as roupas
e mergulhar no rio,
o mesmo rio.

Despir-se de todas as roupas
e mergulhar em si, o
outro rio.

Depois, tornar esse outro rio
um fogo eterno e vivo,
que é hoje,

que logo flui (que *logos* fulge)
e foge.

Ovídio

Com os tristes cantos, alivio o fado.
Ovídio (Livro IV, Elegia X)

Exilado no Ponto
mais extremo da língua

(nessa terra bisonha,
ao Mar Negro contígua;

longe, as noites de Roma,
artes e amores idos),

ela, a palavra, encontro,
ao cabo dos meus dias.

Palavra que me sonha,
me descobre e redime,

em um só horizonte
de silêncio e poesia,

que ora repito, insone:
Tristia Tristia Tristia.

Dante

Exilado em mim mesmo e do país,
sonhei a fera e Virgílio companheiro.
No céu, de mim ausente, a Beatriz.

Depois, no inferno pus o mundo inteiro.

Vieira

Como hão de ser as palavras?
Como as estrelas. — Vieira

O que se move
de prima?

O chão sob meus
pés
ou as estrelas
acima?

O homo, tu qui es,
qui respondeas
Deus?

Borges

Toda palavra é um rio
distante
que desemboca
neste instante

na minha voz.

Com seus espelhos
de água sonora
e murmurante
labirinto,

flui incessante
em Corinto —
e dentro de nós,
agora.

Sousândrade

Yea!
na
lín
gua

por
tu
guesa
a

por
tou
er

rante
um
guesa.

Euclides

Sob uma frágil cabana,
o engenheiro pensa e sonha

uma ponte firme ao lado
e uma dura guerra ao longe.

Os números o fatigam
ao projetar essa ponte:

fórmulas e vigas tensas
de ferro e planos se alongam,

unindo num arco as margens
de um rio selvagem e insone,

que, geômetra visionário,
calcula, transpõe e doma.

2.

Nos seus raros intervalos
de folga, entretanto, tece

— *inteiriças, altas e abruptas* —
palavras que juntas descem

feito escarpas, chapadões,
imitando a própria terra,

em contrastes e confrontos
de matagais com desertos,

de montanhas com planaltos,
de floradas com o agreste.

Entre a cidade e os sertões,
ergue outra ponte com elas.

3.

E o que enxerga do alto do arco
este poeta e engenheiro?

Mais ao norte, o homem e a terra
num enlace agreste e inteiro.

Embriagado de fome e fé,
vê Antônio Conselheiro;

ele e os mal-aventurados,
jagunços e companheiros,

erguendo a igreja e o arraial
de Belo Monte aos romeiros.

Ali uma "Troia de taipa"
avista por derradeiro.

(Ao vê-la, traça outra ponte
no tempo: tempo-guerreiro.)

4.

Súbito, assiste à luta e à resistência
heroica dos jagunços do local.

Desce agora da ponte. Ágil repórter,
estenografa a oscilação do real:

o cerco dos soldados, os assaltos,
batalhas, tiros, mortes por igual.

Registra o imprevisível entre fardas
ferozes e fanáticos do arraial.

Guerra social, neurose coletiva?
Canudos não se rende: cai total.

Volta Euclides à ponte da memória.
E, com a fragilidade vertical

das palavras humanas, denuncia:
foi um crime e loucura nacional.

5.

Ao dizer isso, para.
Espanta-se, em seguida,

ao ver a própria cara
nas águas refletida

do Rio Vaza-Barris,
que margeia o arraial

e o leva, inesperado,
à cena de outro crime.

Ali vislumbra, trágico,
seu sangue e o seu destino.

Repete então Euclides
os gestos do beato.

Abre os braços, ferido.
Também cai, em combate.

6.

Sob uma ponte mítica,
Canudos, porém, para

sempre se ergue na clara
margem de um outro rio,

que o poeta antes armara
sobre o sertão-Brasil.

Alencar

Ao acordar, depois de ferido na face pela flecha da ágil Iracema, Martim Soares Moreno vê que os carros, as pessoas no calçadão da Avenida Beira-Mar e as nuvens por entre os edifícios se movimentam com o mesmo ímpeto da flecha arremessada. Surpreso, puxa da espada transparente. Já a mão do tempo, rápida, estanca-lhe o sangue, que goteja há séculos, por entre as brancas páginas de areia da praia.

O poeta menor

Tardes e tardes, refazendo o verso
que por fim lhe revele a antiga face
e a dos outros, num só perfil severo.
(Um deus, porém, negou-lhe em desafio
a vertigem sonora desse enlace.)

Teima em saber quem é, neste universo
de luz e sombra. O verso fugidio
retoma, na ilusão de que o dia passe
com sua rubra mágoa e som diverso,
na oscilante memória do sol-posto.

Neste verso, procuro, ainda, meu rosto.

CANTIGA DE ÁGUA E SOL

Cântaro

Palavra-pássaro
que claro canta

o frescor da água
no barro da garganta.

Pássaro

Palavra-cântaro
que pousa
e canta

e traz
(em si, em lá,
em sol)

a água branca
da manhã:

plumas de orvalho
no galho
das vogais.

Pássara

Palavra-canto
que pousa
ao lado

— no mesmo galho
aberto
das vogais —

e lança

(em oclusivas,
fricativas
e vibrantes)

a água da manhã
pelos beirais,
jorrando

das consoantes.

Paloma

Pássaro que canta
a água da manhã,

ao sol, em si, em paz,
como se um cântaro

de luz ressoasse as
consoantes e vogais

da língua do sonho,
solta na garganta.

MEIO-DIA

Com o sol a pino, as sombras se encolhiam exíguas.
(Ovídio, *Met* III, 50)

sou
eu
só
eo
so
l
so
men
te
na
ex
í
gua
so
m
bra
do
pre
sen
te

VERDE

Na calçada
em frente

– por entre pedras
e passos,

rachaduras
& cimento –,

irrompe,
de repente,

denso,
descabelado,

um tufo de grama
à beira

do pensamento:
verde

fratura
renitente.

Vede. Vede.

MARAMAR

Praia

Se tu queres amar,
procura logo o mar.
Ali enlaça o corpo
salgado noutro corpo.

No azul esquecimento
das águas, vai sedento
beber a luz da carne,
o gozo a pino e a tarde.

Tenta imitar a teia
das ondas e marés.
Dança na branca areia.
Outro será quem és.

Verão

O sol é grande.
As aves e a praia, livres.
Tua carne, alegre e ardente.

Sim, sobre ela eu lerei todos os livros.

AUSÊNCIA

O prego

O que mais dói
não é o retrato
na parede,

mas o prego ali
cravado,
persistente –

no centro da mancha
do quadro
ausente.

Sede

Feito um cego ao sol
e em silêncio,
eu bebo entre as mãos
a tua ausência.

MEIO-DIA 2

nenhuma
sombra
de ti:
só o
sol
sol
em
si:

soli
dão
a
pino

com
seu
ponti
agudo
não

ris
cando
o
chão

INFÂNCIA

A primeira palavra, o sol, a água,
o jardim, bananeiras, a tábua

sobre o tanque, as galinhas, o medo
de ladrão, o quintal, o brinquedo,

o menino, o mergulho, a manhã e
o mar vindo na voz, voz da mãe

— luz lavrada por fora e por dentro.
Minha falta. O teu rosto no centro.

MÃE

De terra a tua voz,
de terra os teus gestos,
de terra a tua bênção,
de terra a tua mágoa,
de terra os teus restos,
agora enraizados:
árvore crescendo
às avessas — lá onde
tudo começa e finda:

no silêncio do sangue
que me dói ainda.

OS MORTOS

o agora *à noite*
avança *os mortos*
ao sopro *são*
azul dos *navegantes*
mortos *velozes*

vem *vão*
do mar *ao vento*
o devir *no mar*
dos *singrando*
dias *as próprias*
remotos *vozes*

TRÊS MOEDAS

O rosto

O sol lá no alto,
a estrada, o estio.
E este teu rosto
imitando um rio.

A concha

No esplendor da manhã,
furtar uma elegia.
(A voz breve das coisas
na concha ainda vazia.)

Igreja da Ordem Terceira de São Francisco, em Salvador

Poucos são os fiéis,
muitos os ouropéis.

TEMPO

Chuva

Chove. As mesmas chuvas
do instante caem adiante
aos pés de outras uvas.
O agora chega molhado.
As passas vêm do passado.

Terra

Com as mãos, apalpa a terra.
Beija-a com os pés e passa.
Amorosa, ela te espera
há milênios. Breve, te abraça.

A SERPENTE

A tarde cai sobre os meus ombros como
uma fruta madura despencada.
Pássaros bicam a casca desse pomo,
a luz acidamente derramada,
rolando e se fazendo um rubro gomo
de instantes que se vão, sabendo a nada.
Ó poente gustativo, luz que tomo
pelos lábios, mordendo o grão de cada
sombra do anoitecer, árvore impura,
com seu tronco de seiva e sortilégio,
crescendo no clarão da selva escura
do tempo — essa serpente de olho etéreo
se enroscando na tarde que inaugura
essa fruta, essa queda e esse mistério.

MARIPOSAS

mari
posas
g
iram
a
traídas
pela
luz
do
poste
da
es
quina:
f
arol
que
chama
&
ilu
mina
asas
ânsias
sui
c
idas

EM CLARO

Enlace

Quem na minha cama
me abraça e me leva
pela madrugada?
O vento que passa?

Ou o braço de um rio secreto,
onde tudo flui e nada
no leito lasso do momento?

Fecho os olhos, e singro, e sinto:
sou eu mesmo que abraço
este abismo dentro.

Insônia

Virá. Terrível e branca.
Não importa o que eu faça.
Toda esperança é vã.

Implacável, sob a porta
e por entre as frestas da janela,
ela — a luz da manhã.

O POETA CHEGA AOS 50

Como quem não quer nada,
dobro de repente a esquina
inclinada
dos 50.

(Festa de lobos, de loucos
anos passados em surdina.)

Alguém logo se aproxima
e no meu peito cola;
um outro de mim
se desprende
e cala.

Quem são, indago,
o corpo rente
ao branco muro em frente,
que me dividem assim
em dois,
entre o sonho do que fui
e a vigília imprevisível
do depois?

Agora, sei.
Olá, sombras amigas,
vinde
clarear as minhas têmporas
antigas,
e os gestos e os sinais
que emito de passagem.

Exclamo, expectante,
sem mágoa nem nostalgia,
ao chegar a salvo
dessa viagem
no tempo,
náufrago
de amores e fracassos,
à beira do cais
dos meus próprios passos.

Quem, pergunto a elas,
me inventa,
a cada instante,
a cada dia,
ao dobrar a esquina
dos 50?

Uma sombra obstinada
súbito avança e me ilumina.
E é Ninguém.
E é Ulisses com a espada.
Martim Soares Moreno
e Araquém,
combatendo numa praia
do passado,
mais além.

Lâminas, lendas e lutas
pretéritas
(que me pertencem também)
me atravessam
junto a esse muro
rabiscado do presente,
memória do futuro.

E já sou eu agora,
que sou nada,
triste animal de tão contente,
tecedor da arte dos enganos
(que é a poesia,
essa estranha arte
pródiga de espantos),
feito um cego
numa calçada,
tocando à parte,
por onde passo
e para onde sempre vou.

E chego,
por descuido de algum
travesso arcano,
à esquina
destes inesperados anos,
sendo o que sou:
um homem comum,
carne e terra girantes do acaso,
50 vezes em um.

O MORCEGO E O CÃO

Todos os dias,
a memória,
feito um morcego
medonho,
se pendura
de ponta-cabeça
no teto do quarto.

Ao entardecer,
logo se lança
em voos incertos
(como se em sonho)
pelo quintal,
por entre ruínas e muros,
bicando fatos e frutos
passados, maduros
talvez.

Pelas sombras,
segue saqueando sinais e segundos,
restos
de cenas e vozes,
coisas e gestos,
rostos e nomes,
que batem e voltam e soam

(e somem)
outra vez
outra vez
sob as asas velozes.

2.

De manhã cedo,
salta do chão
o cão do esquecimento.

No terraço, logo lambe
a luz do sol.
Com seu branco latido,
repõe a cada momento
as coisas no lugar.

Fareja, vigilante,
o suor dos sentidos,
guiando em silêncio o que houve
no que há.
(E o que palpita de novo
no mais antigo.)

Lúcido da hora,
faz com que tudo em torno
brilhe inteiro,
com sua forma
e fome secreta,
até o entardecer,
sem antes nem depois.

3.

Nesta estranha casa,
habitada pelo morcego e o cão,
sou o poeta:
aquele que alimenta os dois,
soltos na solidão.

BEIRA-SOL

PESCA

A aurora se desamarra do cais.
Um barco singra o peito
rosado do mar.
A manhã sacode as ondas
e os coqueiros.

O azul estica a linha do horizonte.

Na praia, um pescador arrasta
um sol de algas.
Em suas mãos, um peixe salta:
ó palavra escamosa,
espírito agitado das águas.

LÍNGUA-MAR

A língua em que navego, marinheiro,
na proa das vogais e consoantes,
é a que me chega em ondas incessantes
à praia deste poema aventureiro.
É a língua portuguesa, a que primeiro
transpôs o abismo e as dores velejantes,
no mistério das águas mais distantes
e que agora me banha por inteiro.
Língua de sol, espuma e maresia,
que a nau dos sonhadores-navegantes
atravessa a caminho dos instantes,
cruzando o Bojador de cada dia.
Ó língua-mar, viajando em todos nós.
No teu sal, singra errante a minha voz.

BEIRA-SOL

Nasce da luz solar um pescador.
Sobre uma pedra,
fisga a carne prateada.

Duas mulheres na areia,
retalhando pargos,
cantam uma canção vermelha.

Cajueiros sopram sua verde vigília
na fronte de um jangadeiro.

Nas dunas, meninos açoitam
com a espinha dos peixes
o dorso da claridade.

Três jangadas inclinadas na praia
aparam o sol com os brancos
dedos entrelaçados.

O céu é uma velazul inflada
ao sopro salobre das ondas.

Faiscante, a manhã marinha rola
em Fortaleza à beira-sol.

A PRAIA

O azul é um animal marinho
dormindo na praia
do Mucuripe.

Em seu dorso ancestral,
barcos bebem ancorados
o infinito.

O tempo quebra na praia
sujo de algas.

Pescadores arrastam o azul,
surpreendido na rede da manhã.

A vida salta feito peixes
fora d'água, pelas ruas
da cidade,

boiando na claridade,
onde homens logo se batem
para ganhá-la.

Depois retorna à praia,
ao sono escamoso e fundo
das águas.

AS DUNAS

Tu, hora, revoas nas dunas.
Paul Celan

Avançam, sorrateiras,
tangidas pela mão simétrica
do vento.

A luz da manhã
sobre elas escorre,
feito ondas na maré cheia.

Verdevivos,
os arbustos se agarram
em desespero
à branca memória da areia.

Ali, as dunas espreitam a cidade
— o bote de areia armado —
à espera do tempo.

Tácitas, levam nas costas,
esvoaçante, o presente.
Nos peitos, o passado,
semovente.

MARTIM SOARES MORENO (1612)

A mesma praia, as pedras, essas dunas
e a memória do rio e sua corrente
já trazem para a margem do presente
o guerreiro Moreno com as escunas.
Ali, fundou um forte de colunas
destemidas. Sonhou na areia ardente
uma cidade lusa, clara e rente.
E degolou francês e ouviu graúnas
pelas praias. Depois, tornou ao mar
a serviço d'El-Rei noutra contenda.
Voltou, porém, num sonho de Alencar
a viver a verdade de uma lenda.
Em meu sangue, que é praia do passado,
Martim Soares combate, ressonhado.

NO MORRO DO MUCURIPE

Aqui, neste morro,
o tempo
nos coqueiros apara
o pensamento.

Aqui, todo erguido
o vento
espalha a manhã
mais dentro.

Ali, derramada
e imensa,
a cidade prospera,
tensa.

Ao lado, o marazul.
Silêncio.
Jangadas levitam,
lentas.

Neste instante redondo
e intenso,
eu me sonho além
ou no centro?

MATIAS BECK (1654)

Abri picadas, sonhos e veredas,
caçando o mineral que se escondia
nos grotões das montanhas e do dia,
no veio dos instantes e das gredas.
Debaixo deste sol em labaredas,
na febre de viver que não cedia,
lutei contra os nativos com ousadia,
cercado de traiçoeiras alamedas.
Só encontrei a mina dos enganos:
onde sonhei Holanda, só vi dunas;
onde busquei a prata, lavrei danos;
no lugar de tulipas, só bordunas.
Sim, deixo a fortaleza e o que mais seja.
Que tudo nesta terra é vã peleja.

CLARIDADE

Com os punhos cerrados de sol,
a luz golpeia a praia.

Arde o instante na areia.

Nas dunas, por entre casebres,
papoulas acendem sua dor vermelha.

Mestre André sob um coqueiro
retalha com a peixeira
o esquivo milagre dos peixes.

O azul ascende às costas do horizonte.

Barcos buscam, peregrinos,
as profundezas.

O pensamento a pino se descobre,
transparente.

Espiritual é a luz do meio-dia.

SILVA PAULET (1812)

Entre dunas e casas mal traçadas,
à deriva compondo o vilarejo,
sonhaste as mesmas retas do desejo
que fez sonhar o grego as alvoradas.
Tu alinhaste o tempo nas calçadas:
o passado e os combates em cotejo
com este fulgor dos vivos no azulejo
do presente, espelhando nas fachadas
as esquinas futuras da cidade.
Com o resplendor simétrico da luz,
esquadrinhaste o chão e a claridade,
noutro agora, que o olvido reproduz.
Aqui fundaste as retas, sim, e o mito
desta humana morada do infinito.

O CAVALO E O MAR

Na praia, um cavalo azul imita o mar.
Com as crinas espumantes,
ondula sobre a areia.
Arremete, furioso, contra as dunas.

(Na verde garupa de algas,
El-Rei Dom Sebastião,
encantado, já cavalga
com sua espada na mão.)

Veloz, busca asas: mito
trespassado de sonhos & sargaços.

O mar com suas líquidas patas
cavalga na praia.
Com os músculos retesados
de maré cheia,
investe, resfolegante, contra a areia.

Com as crinas de algas,
escoceia a manhã.
Encrespa-se todo,
buscando o cavalo:
mito ondulado de sal e tempo.

Ali, os dois se enfrentam —
o cavalo marinho & o mar equestre

Indiferente, o sol assiste
à peleja perene das criaturas.

O JANGADEIRO

Jangadas amarelas, azuis, brancas,
invadem logo o verde mar bravio,
o mesmo que Iracema, em arrepio,
sentiu banhar de sonho as suas ancas.
Que importa a lenda, ao longe, na história,
se elas cruzam, ligeiras, neste instante,
o horizonte esticado da memória,
tornando o que se vê mito incessante?
As velas vão e voltam, incontidas,
sobre as ondas (do tempo). O jangadeiro
repete antigos gestos de outras vidas,
feitas de sal e sonho verdadeiro.
Qual Ulisses, buscando, repentino,
a sua ilha, o seu rosto e o seu destino.

A RENDEIRA

Na teia da manhã que se desvela,
a rendeira compõe seu labirinto,
movendo sem saber e por instinto
a rede dos instantes numa tela.
Ponto a ponto, paciente, tenta ela
traçar no branco linho mais distinto
a trama de um desenho tão sucinto
como a jornada humana se revela.
Em frente, o mar desfia a eternidade
noutra tela de espuma e esquecimento,
enquanto, entrelaçado, o pensamento
costura sobre o sonho a realidade.
Em que perdida tela mais extrema
foi tecida a rendeira e este poema?

O COQUEIRO

Altivo,
ergue-se em frente ao mar.
Com as palmas agitadas,
quer ser um pássaro.

Por um momento,
detém-se em pleno voo:
a copa verde
abraçada ao vento largo.

A memória do tronco
se volta,
porém,
longa-
mente
para a
terra,
sugando
a seiva
salgada
dos sonhos.

O coqueiro
é um verso vegetal posto de pé.

O URUBU

Plana, pleno, sobre a praia
deserta.
Dunas aparam nas costas
a sombra vigilante do seu
voo.

Heráldico,
espia do alto as horas tom-
bando
sobre a eternidade dos ele-
mentos.

Negro
parceiro do sol, recolhe na
areia
(qual poeta de asas pensas)
o podre do tempo.

PRAÇA

A manhã me afoga iluminada
com seu cardume de ruídos.

Violento, o sol abre as comportas do azul.

As coisas avançam sobre mim,
penetram nos olhos,

amedrontam-me —
o vermelho eriçado dos cartazes.

Ah, estar aqui, às dez e meia da manhã,
na Praça José de Alencar.

Sobre a calçada, um mendigo cata
a queixa sonante das moedas.

A buzina amarela dos táxis corta
a mão agitada das ruas.

Dez ônibus sacolejam as ancas das esquinas.

Engraxates esfregam com a flanela
o ódio reluzente nos pés dos homens.

Num canto da praça, três pivetes
pastoram o desdém metálico dos carros.

Numa fila, malandros acenam
para o meu coração punguista.

Padre Manfredo, na porta da igreja,
debulha o roto rosário do abandono.

O Teatro José de Alencar sopra
na minha nuca o bafo peludo da vida.

Ó manhã transfigurada.

A loucura acende por um instante
o rosto crispado das coisas.

A praça invade outra praça.

Transeunte do acaso,
me perco entre as duas.

AS LAVADEIRAS DE MARAPONGA

Uma chuva azul cai redonda
sobre a Lagoa de Maraponga.
O verde viril das margens a enlaça
no peito umedecido dos juncos.

Ali os dois, juntos, compactuam
dentro da luz da manhã.

De cócoras, à beira do verdeazul,
as lavadeiras de Maraponga
escutam a voz da claridade,
enquanto cantam, e batem,
e espantam, sobre uma pedra,
a mágoa cinza das roupas.

Para depois estendê-las
sobre cercas e arbustos,
sobre pudores e gestos,
à espreita, pressentidos.

Com as mãos molhadas
em espumas de sol e sabão,
as lavadeiras de Maraponga
decifram, inocentes,
a aparência dos homens.

AS LAVADEIRAS

De cócoras, à beira da manhã,
escutam, aniladas, a voz
da claridade, enquanto
batem, e torcem, e espantam,
sobre uma pedra,
a mágoa cinza das roupas.

Com as mãos molhadas
em espumas de sol e sabão,
as lavadeiras, obstinadas,
decifram aparências
e lavam desejos, limpam
suores e esfregam pudores.

Depois, sobre o varal,
secam as vestes (das palavras),
dobram-nas com o ferro aceso,
até tê-las tersas e tensas,
tornando-as de novo novas,
passadas na tábua-tempo.

A ÁRVORE

Incêndio esverdeado no meio da praça.
Chama vegetal.
As folhas bebem de estalo
a luz matinal.

O sol a tudo assiste: atento,
imperial.

Sim, o sol — ó pai de todo pensamento.

AS FRUTAS

Resplendem, docemente incendiadas,
sobre o balcão da feira.

Maduras, meditam a plenitude
à beira do podre.

O caju avermelhado chora
por dentro antiga mágoa.

As bananas são dedos da terra,
amarelecidos.

A manga-espada sangra ao ter cortado
o talo rosado da aurora.

O coco é a cabeça decepada
de um macaco que rolou na praia.

De olho inchado, a goiaba espia
a fome amarela dos pássaros.

Ali, as frutas jorram sua luz gustativa
dentro da manhã.

Amargo apenas é o sumo do dia.

O GATO

Elástico,
caminha sobre o muro.

Com o focinho,
empurra a luz da manhã.

As patas ondulam,
silenciosas.

Refulge,
negramente esculpido,
na claridade.

É denso, atento, perfeito.

2.

No entanto,
entre o chão e o ar,

o veloz perfil
desenha enigmas:

o gato é anterior
ou posterior às coisas?

Avança sobre a vigília
ou o sonho?

Que estágio da matéria
espreita o gato?

3.

Ali ele para,
pensativo.

Múltiplo e sábio,
calcula o espaço

entre o seu corpo
e o telhado em frente

Súbito, salta
sobre o invisível

O CÃO

Ofegante e negro,
irrompe na rua sob a luz
do meio-dia.

Rebate com a capa aveludada
o branco abraço do sol.

Inquieto,
investiga com o focinho
o suor oculto das coisas.

Feroz guardião da quietude,
trafega ali — solto ao sol —
na reluzente impermanência
dos passos.

(Que coleira prenderá
o cão dos sentidos?)

Súbito se espanta.

Alerta, salta ao lado,
latindo ancestral para o alto
(para quem?)
ante a brusca presença do real.

MEIO-DIA 3

O sol galopa, fogoso,
sobre os telhados.

Árvores transpiram, pensativas.

A calçada, castigada,
estende ao sol
a palma de cimento.

A praça se encolhe
à sombra dos abrigos.

Pernas viajam
para o centro do dia.

Um homem dobra
seu suor numa esquina.

Buzinas retalham
o perfil dos edifícios.

Sensação de abandono amarelo.

Bebo sob a marquise
um copo de sombra.

Fortaleza corre
para os terraços,

para o sal esquivo
da hora enorme
do almoço.

(O calor das coisas
a pino remodela
o rosto do invisível.)

MEIO-DIA 4

O sol tomba vertical dos edifícios.
Ardem os muros perfilados.
Os objetos vomitam cores,
embriagados.

O vermelho dos sinais ri em chamas
para os carros.

Na calçada, a luz lambe
as coxas da garota,
penetra no *blue jeans*
dos manequins,
irriga de calor a angústia
dos homens.

(Tudo se queima,
tudo se consome,
tudo arde infinito.)

Ó súbita revelação:
o sol me aponta
o carvão íntimo das coisas,
negro coração
batendo na claridade!

A CATEDRAL

Imenso pássaro de pedra pousado
no meio da praça.
Em sua garganta,
sinos entoam
uma canção marrom-escura.

Cinza é a hora do Ângelus.

O Espírito Santo
abre as asas de vitral
e tremula, irisado,
junto às torres empinadas.

Meu pensamento incrédulo
cai de joelhos,
ante o fervor pétreo da n'ave.

Invisível é o voo da Graça.

A VELHA

Esculpida em silêncio,
sentada e sábia,
fita o horizonte da mágoa.

Ao lado, o mar murmura
as sílabas do ocaso.

Ó beleza antiga e súbita:
sobre o seu ombro
o instante se debruça,
iluminado.

PRISMA

Verde a voz por entre as árvores.
Amarelo oleoso o ar do meio-dia.
A memória é azul à beira-mar.
Cinza a hora que escorre dos edifícios
Vermelha a vertigem do poente.
Violeta a raiz do sono.

Branco este instante que a tudo resume.

MARIA

Diz que dá pernadas na lua.
Entre uma cerveja e outra,
decifra os bigodes do chinês.
Com a mão esquerda,
retira um búzio da boca
de um marinheiro.
Com a bacia das coxas,
apara a resina do sexo.
Arranha com as unhas esmaltadas
a miçanga das estrelas.
Depois dorme por entre gatos
e palavras impublicáveis.

Ave Maria, cheia de graças.

RESIDÊNCIA

O corpo da minha cidade
é um naco de terra à beira-mar.
Nele, as ondas quebram
o tempo por entre as pedras.
Traz sobre as ancas
um sol selvagem tatuado.
Um riacho corre até a foz
do seu sexo salitroso.
Pássaros marinhos migram
dos olhos para as mãos.
Esquinas e gestos logo irrompem
sobre a praça do ventre.
Pelas ruas, diariamente atravesso
o mapa do seu sangue.

Amar esta mulher é habitá-la.

NAVE-CIDADE

Eu sou a multidão que cedo escorre
pela rua incessante do presente.
Sou o trajeto e a sina da tua gente,
que luta a cada dia e nunca morre.

Sou também teu passado, que me ocorre
e já planta outra cruz na praia ardente.
Sou a flamenga espada inutilmente,
a lusitana voz que te percorre.

Sou a reta infinita das calçadas,
os pivetes e a fala das favelas,
os edifícios novos e as vielas,
a vala dos subúrbios e as jangadas.

Sou a febre do meio-dia e o vento
da madrugada, o riso e a dor nos bares,
a Praia de Iracema e os teus altares,
a Praça do Ferreira e o movimento.

Sou teu secreto centro e esta saudade
das esquinas futuras e passadas,
o rosto do meu pai e das amadas,
a casa onde ficou minha metade.

Sou o que viaja em ti, nave estendida
de teto, e tempo, e trânsito, ó cidade,
que arrasta pela rua a realidade,
erguendo à beira-sol o sal da vida.

Sou outro em mim, memória da cidade,
que se sonha outra vez na claridade.

TRAPÉZIO

(Haicais)

O sol despertado.
Um galo tenta bicá-lo —
o canto rosado.

*

Um cão amarelo
irrompe o azul do horizonte —
o dia amanhece.

*

Mar e claridade —
gaivotas traçam as rotas
do sol na cidade.

*

Pássaros e vento.
O mar tinge de azul o ar —
branco, o pensamento.

*

Verde mar bravio —
as dunas brancas e nuas
se movem no cio.

*

O mar furioso —
cambraias já cobrem as saias
das ondas em gozo.

*

Um cavalo verde
de crina de algas se empina
à beira-mar — vede.

*

Pipas no ar, estio.
Alguém na praia sustém
o sol por um fio.

*

Ah, um flamboaiã
na esquina rubro ilumina
a branca manhã!

*

O sol na calçada
se lança, rápido avança —
pombos em revoada.

*

Uma borboleta
em dois divide o ar: depois,
pinta-o de violeta.

•

Folhas, ventania.
Cajus se despencam nus —
apodrece o dia.

•

Um pássaro canta —
tremor do vento ou do pôr
do sol na garganta?

•

O sol no horizonte —
o dia com sua agonia
despenca da ponte.

•

A lua lá no alto —
na vala, ansiando agarrá-la,
a rã dá um salto.

•

Uma rola canta
que o *fogo-apagou*, mas logo
o sol se levanta.

•

Ao longe, os cavalos —
as éguas bebendo léguas
buscam saciá-los.

•

Fio de alta-tensão —
uma ave ali pousa suave
e canta o verão.

•

A aranha medita —
a mosca aos poucos se enrosca
na teia infinita.

•

Um só fio dela
— da aranha — se estica e apanha
o sol na janela.

TÁXI
ou poema de amor passageiro

Para Moema

Depois de tirar e enrolar no bolso minha gravata colorida,
depois do pique atravessando ruas e portas,
bebendo a luz da tarde refletida em caras que nunca mais verei,
depois da ginástica bancária,
dos trambiques dados, dos chopes na esquina,
de ter avistado as chapinhas de cerveja encravadas no asfalto
e o poema alucinado e cínico no corpo crivado de signos & senhas.

Depois disso tudo —
                              de ter esquecido o dia,
                              sentir-me refeito e repleto,
                                                                      pronto para outra,
                              — me vejo aqui parado, esperando,
com o olhar atento, ansioso,
                              como se pela primeira vez,
                              à beira da calçada ou à beira de mim,
como se de repente não pudesse perder
                              o que exatamente não sei,
                                          nem saberia...

Táxi!
                                    Aqui!
                                                            (Dou com a mão.)

— Tudo começa subitamente onde estou.

Ó Fortaleza, multidão de portas e postes batendo
        com a sua luz adolescente no olho da eternidade.
Fortaleza de trezentas mil bocas ardentes como o sol,
        famintas de amor e tragos de farinha.
Fortaleza de prédios mal-acabados, espetando a noite
        furiosa e redonda.
Fortaleza, avenida de neon, deslizando para todos os desejos.
Fortaleza, Avenida Bezerra de Menezes, seis mãos indo e voltando,
        e uma dor viajando num só sentido,
no banco traseiro do táxi Corcel II, para onde vamos?
Fortaleza, solidão escamosa, suor noturno, revelação.
— Eu te percorro.

Eu, fiapo da mente de Deus que um dia avistei,
        caminhando, sim, com o universo inteiro,
que era a própria cabeça iluminada,
pensando estrelas e galáxias
                        e as mais recônditas nebulosas.
— Quem mais saberia disso?

(Este táxi,
a rua rolando rente,
            os telhados correndo, pensos, de um lado e outro,
                a lata de lixo solitária,
                as árvores caladas,
                rostos e estrelas entrevistos da janela,
                teu corpo passageiro,

— tudo isso à tua frente ou dentro de ti,
que segue ou permanece no teu olhar-vida,
é o pulsar-pensar incessante de Deus,
movendo suas formas & energia no espaço,

vibrando mínimo e visível,
invisível e total,
surgindo e desaparecendo,
transformando-se e ressurgindo
nas neuras insondáveis do tempo.)

Ó pensamento rugoso de Deus sobre os muros.

Sílabas soltas que são papéis pelas calçadas,
palavras — pés que transitam apressados,
ruas — frases repentinas,
dias como sentenças atravessando avenidas e praças,
relâmpago de sentido cruzando o corpo dentro da noite:

dilaceradas
metáforas {
dilacerantes

balbucios   orações entrecortadas   gagueira fluente de tudo

— ó áspera linguagem em que viajamos sedentos de tradução.

No banco traseiro do táxi, vamos lá,
rodando e girando
— enquanto beijo teus lábios
levemente rachados pelo sol da praia —
girando e rodando,
por aí, sempre.

Sim, passageiros somos
do instante — nele entrando
e dele saindo pelas ruas trepidantes da cidade.
Day by day make it new, sei.

Por isso, sinta a minha língua afiada
sussurrando no teu ouvido
uma ode que Arquíloco não fez
para a sua esquiva Neóbula,
de cabeleira fugaz como esta noite.

Ah, tua mão direita, ávida borboleta esmaltada.
Sim, a mais pura sabedoria nasce do amor
entre um homem e uma mulher, não sabia?

(Claro: há homovariações da verdade — que importa?
Os lábios, ardentes, tocando-se, sabem mais.
Abraçados, os corpos, idênticos ou não, conhecem mais. Mais.
Oh — fisgada de Deus adorando de qualquer forma
as criaturas.)

Confira o lance:

toda sabedoria passa pela carne,
toda iluminação atravessa os sentidos,
toda visão viaja pelo corpo
— ponte de sangue sensitivo entre o céu e a terra,
vertigem da consciência esbarrando nas paredes das costelas,
pequeno cais nervoso de todas as sensações à beira do nada
— oceano calado te espreitando,
as amarras do corpo
partindo-se
a cada
minuto
do porto
de si
mesmo

— enquanto vou
com as mãos entre as tuas coxas
soprando
ávido
no teu ouvido
a lição luminosa.

E a tua língua veloz na minha: *love love love.*

Mais depressa, motorista,
direto para o último motel na Praia do Futuro.

Por cima de tudo:
                                        buracos
                                                                        quebra-molas
pedras
                                        calçadas
                                                                        transeuntes

— principalmente por cima desta hora que atravesso
com um estremecimento súbito das portas e da alma.

Porque tudo é tremor, companheiro.
A vida treme onde bate — no centro ou nas bordas:
                                        não importa.
O carro treme transitando por entre trilhos e temores.
As luzes de neon estremecem ao golpear rostos súbitos
                                        pelas calçadas.
A avenida treme sob pneus e pensamentos sobressaltados.
A cidade toda estremece, subindo pelos edifícios, sacudida
            por ondas e gestos na maré das ruas.
Treme a noite com as estrelas pulsando solidão e distância.
Ruge e estremece a Via Láctea feito um animal ferido,
            em fuga furiosa para o vermelho,
            sangrando luz e abismos por onde passa.

E porque o frio espreita
e o silêncio devora,
estremecemos todos
a cada momento —
homens —
máquinas —
coisas —
com os músculos
e as fibras
e a febre dos circuitos
em cruel expectativa.

Em frente, o Mercado São Sebastião
— fim e começo da avenida,
entrada e saída desta hora correndo pela pista de sentido duplo →
para o infinito ←

Mercado São Sebastião por onde passo —
bagaços de laranja
cascas de banana
tocos de cigarro
papéis sujos
pedaços de jornais
caixotes de frutas & latas rolando
pelas calçadas e coxias.

Tudo ali solto — gestos desgarrados do tempo.

Eu te penetro, suburbano labirinto, por entre acres balcões,
sentindo a respiração ofegante das alfaces e frutas
sobre a minha pele,
querendo juntas apodrecer ali,

— enquanto vejo por trás das balanças homens de camiseta
sem outra metafísica senão a de trocar cédulas & mercadorias
com fregueses que passam, apressados.

Todos presos à vida,
socados nela,
feito um quilo de tomates
dentro de um saco que se leva
e com ele o mistério humaníssimo e certo
de ganhar
(e morder)
a rubra polpa
de cada dia.

Mercado São Sebastião —
onde certa vez comprei uma galinha preta
— a memória a cacarejar dentro de um engradado de madeira,
cheirando a pena velha e a bosta —
para ser sacrificada numa sessão de macumba,
lá pelas bandas da Maraponga,
onde deuses caboclos se aninham e resistem, ainda.

As/sete/velas/acesas/o/ofertório/a/reza
a canção exortativa longinquamente familiar.
(Em que senzala do sangue ela ressoa?)

Exu Tiriri,
trabalhador da encruzilhada,
toma conta
e presta conta
ao romper da madrugada.

De repente, um grito estala feito um chicote — eeeiii! —
sobre o lombo estrelado da noite.
Outro grito. Mais outro.

E o caboclo baixa dando cambalhotas com seu cavalo.
É Exu Tiriri que chega, espumante.
Rasga com os dentes o pescoço da galinha —
as asas batendo inúteis.
Bebe o sangue na cuia com cachaça —
deus milenar saciando-se mais uma vez.

Uma áfrica de caboclos logo desce para pitar e beber
— Vovó Conga Pombajira Sibamba —
ao som de batuques ancestrais
percutindo na carne,
transida de medo e fascínio,

— enquanto eu, "pernado de calças",
ao teu lado, "moça branca",
faço o pedido,
prometendo
cachaça
velas
charutos
despachos
aos rudes deuses da floresta,
dos rios e dos mares:

Lá vem Vovó,
descendo a serra
com sua sacola
e o seu patuá!

Ela vem de Angola.
Quero ver Vovó,
quero ver Vovó!
Seus filhos de Pemba
já têm o querer.

— Saravá, minha Vó!
— Saravá.

Tudo isso se encontrando numa noite tão próxima e primitiva,
na encruzilhada

m
á
g
da vida & da morte
c
a

do além concedido e do aquém entrevisto,
indagado e protegido pelos espíritos imemoriais da raça.

Eiá, motorista, passemos em frente ao Edifício Jalcy,
onde putas universais, bichas, bêbados e drogados
sonham pelas calçadas e as quitinetes acima
com algum grande orgasmo noturno.

mais
Ou talvez com algo { ? } real:
menos

um par de sapatos novos,
dois quilos de carne na geladeira de amanhã,
três latas de Leite Ninho para o bebê que já nasceu velho,
a prestação do apartamento e da vida,
a operação da mãe que deveria não ter morrido,
os remédios para o pai que ficou doido e se arrasta todos os dias
pelo meio da rua gritando que os supermercados da cidade são dele.

Ou simplesmente sonham — os mais delicados —
com um beijo daquele marinheiro
nas suas bocas travestidas de Dorothy Lamour.

Vamos lá, todos para dentro do táxi.
Atropelemos a todos sobre as calçadas.
(Sem que sintam nada — intactos sobre a pele de seus gestos.)
Para dentro do carro, todos vocês.

Ah, excitação carnal e comunitária do meu desejo viajante.
— Quero a todos e todos os lugares.

Solidariedade orgástica e metafísica derramando-se a 90km/h.
— Todos meus passageiros no táxi.

Eiá, proximidade física e espiritual dessa gente,
cantando pneus pelas esquinas da ansiedade.
— Interessa é chegar lá.

Celebração transcendente do motor roncando furioso
— Buda de ferro e aço — por entre sinais e rostos arrebatados.
— Não importa como.

O taxímetro marcando alucinado o preço da eternidade.
— Na contramão, sempre.

Atravessar todos os sinais.
Provocar todas as batidas e todos os atropelamentos fatais,
para que eu possa sentir pena dos corpos arrebentados,
          chorar sentado no meio-fio
— os carros ali emborcados, fumegantes —
          espetáculo urbano repentino,
fascinação metálica retorcida sobre o asfalto.

Sim, sentir pena dos mortos espiados pela multidão ah!tônita
— para logo depois ressuscitar a todos na imaginação.

Eiá, jogar o táxi por cima dos pivetes nos cruzamentos,
limpando os vidros dos carros parados e a merda
          da indiferença alheia.
Depois, colocá-los aqui dentro, inteiros,
para que eu possa exercitar o humanismo dos meus gestos
          — tão caridosos.
Em seguida, desprezá-los para alguma FUNABEM do caralho
ou da consciência trágico-brasileira-logo-pacificada.

Em frente, em frente.

(Ah, avistar aquele operário que passou feito um clarão na bicicleta toda enfeitada, o radinho de pilha ligado— explorando no selim a felicidade com mais-valia — indo encontrar-se com Ritinha, 17 anos, empregada doméstica. E eu não poder abordá-lo com o táxi, acompanhar as sacanagens que fará logo mais com ela, as palavras de amor saídas da sua boca desdentada. Tudo isso perdido, porque passei em sentido contrário. Adeus, Sebastião.)

Mais depressa!
Atravessar na memória as ruas por onde passei —
passageiro existencial sempre a 20 espantos e 50 centavos de mágoa
a bandeirada.

Na próxima à esquerda, dobrar,
quinze anos atrás,
na 5ª. Avenida,
subindo para o Madison Square Garden.
(A luta mais tarde entre Muhammad Ali e Joe Frazier
— lembra-se, América?)
Depois, pegar de volta o *subway* para Huntington.

Eu, *new yorker* de araque,
sigo deslizando num Ford Fairlane 500 com Kate ao lado,
enquanto o motorista de três em três minutos mapeia com o rádio
a central do nosso destino.

Ah, Kate, nosso destino.
O futuro sonhado já é hoje tão passado...

Good-bye, emoção adolescente, noites entre as tuas coxas,
dois gemidos abafados e uma fome depois
com gosto de cansaço, e *cheeseburger*, e *ketchup*, e Coca-Cola,
escorrendo pelos lábios.

O vidro blindado entre nós e o motorista —
a tarde toda de vidro & aço nos separando da multidão:

pernasprédioschapéuscarascarroscartazesvitrinas
you'vecomealongwaybabywalkdon'twalkwhatacrowdwhatacr

que jamais saberá — ruidosamente paralisada na memória —
que por lá retorno a 5 dollars e 25 cents a corrida,
naquele instante de agora.

Yes, I remember a lot of people talking around me.
Eu ali entendendo bulhufas.
Minha mente apenas seguia triturando a visão
daqueles rostos e cabeleiras *black power*,
enquanto os pensamentos saltavam & roçavam
como grandes lagartixas abstratas
as janelas do Rockefeller Center.

De repente, avisto o Rei do Harlem,
dançando e gritando numa calçada:

Con una cuchara
arrancaba los ojos a los crocodilos
y golpeaba el trasero de los monos.
Con una cuchara.

Ai, Nova York. Ai, Nova York.
Atropelemos, motorista, a multidão em pânico.
Grandes negócios no coração das lembranças.

Ok, go ahead, man.
Dobrar a próxima à direita, despencando
a 100km/h pelo Aterro do Flamengo,
domingo à tarde,
último jogo do Pelé no Maracanã pela seleção brasileira,
enquanto o motorista vai comentando, o rádio nas alturas:
"Como é que pode o cara trocar uma xoxota por um ..."
Hein?!

Dois ônibus surgem, de repente, um ao lado do outro
— uma brecha apenas entre eles —
)não vai dar(
É agora.

Por um segundo, lembro, o universo inteiro se comprimiu
entre aquelas traseiras paralelas,
túnel repentino roçando o infinito da minha morte,
útero de ferro e fumaça formado ao acaso
me expelindo de passagem no vácuo
— renascido, ufa, mais à frente —
sobre a placenta de asfalto da cidade-mãe indiferente.

— Qualé, cara, mais cuidado com esta porra!
— Tudo bem, amizade. Onde é mesmo a rua?

— Suba quatro anos depois à esquerda, num velho Aero-Willys,
atravesse o centro de Juazeiro do Norte
e vá até a casa da Ciça do Barro Cru, no outro lado da cidade.

(Ah, comprar estatuetas e máscaras de barro pintadas.
Anos mais tarde, tudo desbotado e quebrado —
cacos da minha juventude comercialmente popular.)

Depressa, compadre.
A poeira subindo pela estrada,
farelos de sol sobre a terra ressequida,
pó de chita cinza cobrindo o mato rasteiro,
                    a areia chiando sob os pneus,
                    estalidos de paus e pedras sob o chassi,
as unhas da caatinga quebrando-se à beira da rodagem,
enquanto, espantadas,
                              voam >   avoam >
                                        vuuu! >

                         as primeiras nambus da tarde.

Depois, subir o Horto do Padre Cícero,
onde romeiros com pedras na cabeça caminham,
transidos de dor e esperança.

Porque meu Padim é justo e santo.
Não importa o corpo esbagaçado nos engenhos,
debulhado pelo latifúndio,
açoitado pelas secas e coronéis.

O que vale no homem é a alma.
"Quem roubou não roube mais,
quem matou não mate mais."
Expiar a culpa. Ter fé e paciência.
Que todos um dia serão redimidos.
Palavras do Senhor. Amém.

Em êxtase miserável, eles esperam o milagre, a bênção,
a felicidade terrena adiada para um outro céu,
enquanto oferecem por entre cânticos e preces
ex-votos de cabeças
seios
braços
mãos
pés pernas

e almas feridas —
que se amontoam no pátio da igreja
          e se espalham depois
por este mundão ensolarado de Deus e do diabo.

Vamos lá, motorista, descer o Horto.
Apanhar à beira da estrada aquela velha,
o grande terço azul e branco pendurado no pescoço.
— Meu *fio*, se não tiver fé no meu Padim
pode rezar um bando de terço que nenhum entra no céu.
— Amém, amém.

Dar carona àquele cambiteiro, ali em frente,
que me olhou por acaso e sonha toda semana
em se mandar para São Paulo.

Cruzar dias depois, ao lado dele, a Avenida São João,
todo areado por entre trombadinhas, putas e travestis.

Chegar à Rua Aurora,
onde enormes cartazes de filmes pornôs
                    & bundas coloridas nos esperam.
                    — Valei-me, meu Padim.

O pobre do Pedro sem entender nada
foi ser peão e pedinte — pudera — enganado e roubado (até as roupas)
pelo primo que lhe prometera emprego numa fábrica de pneus
— picas.

Pei! pei! pei!

(Escuto os tiros de passagem pelo Brás.)

Pela Avenida Marginal, vamos lá,
trepidando a valer por entre buracos,
estremecimentos súbitos da consciência e do corpo.

Eiá, carros passando ao lado do pensamento acelerado.
Eiá, ônibus com suas ancas roçando em cio metálico a lateral do táxi.
Eiá, buzinas dos sentidos em alerta, ultrapassagens repentinas,
visões do corpo a 130km/h em queda horizontal no abismo do asfalto.
Eiá, vertigem na quinta marcha, nos quatro pneus, na terceira curva
do tempespaço.

postes passando postes postes
— pontos de exclamação do meu espanto eletrificado —
o tempo comprimindo-se cada vez mais dentro do táxi:
fetos de minutos/ embriões de segundos
aproximando-se
aproximando-se.

Todos os sinais em disparada chocando-se pelas esquinas –
sinas –
                    setas –
                                        retas –
                                                    curvas)))

– *Freada brusca da memória desgovernada.*

(O carro todo de banda
        quase atravessa, iééé!, o sinal vermelho do momento.
As marcas dos pneus ainda ali estão, arrastadas
        no asfalto da reminiscência.)

Rápido, motorista, marcha à ré
– sair da faixa de segurança das lembranças e sensações.

Retornar a Fortaleza, descendo pela Barão de Studart.

Penetrar a Avenida Beira-Mar –
as grandes luzes de neon espumando na praia.

Ah, o real inteiro <encaixando-se outra vez> por entre os vértices
                              do agora.

Avistar ali próximos carros estacionados, testemunhas do visível,
casais pelas calçadas bebendo nos corpos a brisa da noite,
coqueiros esticando-se sob a luz antiquíssima da lua nova,
navios ao longe cintilando feito o espírito de Deus sobre as águas,
hotéis perfilados contemplando o mar com olhos viajantes,
barraqueiros ofertando lembranças rendadas da terra e da hora,
restaurantes e bares abrindo-se para a fome e a sede do presente.

Todas as formas fluem imperturbáveis dentro da noite clara.
Não pensar em nada, além do que a vista apalpa em torno.

Ó pedaço transparente e indolor do universo por onde sigo.

Om tare tuttare ture soha.

(E tudo é Om. E tudo é Um.)

Sim, todos os instantes de agora e de antes para a Praia do Futuro.

Em frente, motorista, de passagem pelo Mucuripe —
as velas recolhidas aos mastros sobre a areia,
apontando para um cardume de estrelas surpreendidas.

Avistar na praia a última tratadeira de peixe, dona Maria,
que um dia retalhou para mim um pargo, cantando assim:

Ai, seu moço, traga o peixe
que vem do fundo do mar.
Me traga logo e me deixe
o teu lamento cortar

Com minha afiada peixeira,
tiro as entranhas do mar.
Depois corto as nadadeira
e as guelras do teu penar.

Ai, seu moço, traga o peixe
que vem do fundo do mar.
Ele é igual, não se queixe,
às mágoas fundas de amar.

Vamos lá, de passagem pelas dunas,
onde favelas no alto me acenam com gestos de areia
e sopram na lembrança a poesia ensolarada de Pedro Gaia:

Por aqui o sol dispara
luz cortante de peixeira,
o gume aceso do dia
retalhando as cumeeira,
pra mostrar o Mucuripe e
suas corcundas de areia.

Ah, viajar por entre as ruas subitamente alargadas do instante
— é o que importa.

Ali, o Moinho Fortaleza com suas gordas paredes empanturradas
de trigo ancestral & fome cotidiana.

Ao lado, o Porto do Mucuripe, os guindastes gementes
— acenos de ferro paralisados —,
cheiro de óleo e peixe rolando por entre trilhos,
enormes fardos de algodão e trigo pesando sobre o dorso
suado das minhas ideias.
E uma vontade de partir, partir —
colada aos grandes cascos dos navios feito ostra obstinada.

De repente, avisto meu pai à beira do cais e do tempo
cantalorar por entre acenos:

Adeus, Ceará,
que já me vou.
Saudade e beijos
pra quem ficou.

Adeus, meu velho, que também já me vou...

Vamos lá, motorista, para o antigo Farol
— todo remoçado de amarelo: estou vendo.
Dê uma paradinha, meu chapa, ao lado do Navy Bar.
Quero jogar sinuca com o marinheiro fenício Flebas
(que um dia foi alto e belo como tu),
para em seguida perguntar a ele se viu Tirésias por aí.
Vamos, conte-nos logo aquela antiga história de que o mar
sempre devolve o marinheiro à sua casa.

Depois, estarei no Bar da Luz dançando forró.
Se encontrares o cego adivinho e cantador,
mande-me avisar, ok?
Não esqueça. Adeus, Flebas!

Good night, ladies, good night, sweet ladies, good night, good night.

Quero dançar com uma, com duas,
ah, com trezentas raparigas.
Beijar a boca de Raimunda,
morder os peitos de Lurdinha,
transar com Damiana, com Ana,
rolar nas dunas de Douvina.

Feito um marinheiro sedento de terra,
seguir para o cabaré da Berenice.
Lá, assistir à Chica do Bento assassinar Maria Pinto
com um golpe de gilete no pescoço,
só porque esta se divertira com o amante da outra
— isso não é coisa que se faça, sua escrota!
Quero mais respeito, mais respeito.

Tudo aqui merece respeito, Chica do Bento.
Não só você. Este lugar é santo.
Pelo sangue e esperma derramados.
(Não vê a igrejinha no meio de tanta perdição?)
O Senhor ronda os miseráveis.

Vou lá pedir perdão pelos pecados que ninguém tem.
Santa Maria Egipcíaca, orai por nós,
que soube ser puta e depois pura.

Todas as quengas do Farol nos precederão no céu. Amém.
Todas as caftinas, solitários, bêbados e drogados,
assassinos e ladrões,
meninas tocadoras de bronha aos doze anos e a dez reais o boquete,
pivetes cheiradores de cola, pequenos traficantes de fumo,
bichas no alto das dunas dando bombons e a bunda a um bando
de garotos melados de fome e areia ardente.

Ah, toda essa humanidade à beira do mar e da vida
nos redimirá junto ao Senhor, amém.

Alegria! Dancemos todos.
Todos para dentro do táxi.
Quero todos vocês aqui ao lado, com um tesão imaginário
e múltiplo dos meus sentidos solidários.

Praia do Futuro. Direto!
Vamos lá, abençoando tudo o que vejo,
nesta loucura motorizada e carnal.

Os edifícios novos brotando impetuosos sobre a areia, salve.
Boates carcomidas e abandonadas ao lado, salve.
Casas de forró, sanfonas arfantes, cervejas
e danças espumantes.
Mansões enfatuadas no alto das dunas, salve.
Casebres e favelas arrastando-se desamparados, salve.
Prédios em construção de olhos esburacados à lua nova, salve.
Motéis ao longo da praia — Eros, invencível Eros, salve.

E as pequenas coisas à margem da pista, salve.
As casquinhas de caranguejo lambidas
pela língua salgada do vento, salve.
As espinhas de peixe cobertas de negras escamas de moscas, salve.
Papéis higiênicos tremulando por entre arbustos, salve.

Modess sobre os verdes pentelhos da relva nascente, salve.
Jornais desgarrados do seu dia rolando aos pedaços, salve.
Cacos de copos e garrafas cortando de leve a carne da brisa, salve.
Latas de conserva roídas pelos dentes estragados da maresia, salve.
Tocos de cigarro que souberam a lábios ansiosos, salve.

LIXO LIXO LIXO LIXO

Sobras que nossas mãos um dia tocaram e largaram, salve.
Objetos que roçaram nossa pele,
beijaram nossa língua,
cheiraram nosso sexo —
depois, quedaram-se tristes, salve.

As catadoras de lixo com a pureza de dedos famintos
e grandes sacos de mágoa sobre as costas, salve.

(Ó universos paralelos curvando a espinha
sobre restos amontoados da realidade.)

Nossos êxtases e misérias por entre as coisas, salve.
Todo o espaço do gozo e da dor, salve.

Sim, tudo é sagrado sobre a praia –
a cidade que avança sobre as dunas,
os corpos que avançam feito ondas sobre a noite.

– Tudo em trânsito infinito.

(Mocidade de ruas logo transpostas –
ruelas de sonhos empoçados –
tristeza sem saída de becos infanticidas.)

Unhas e desejos,
cabelos e pássaros,
árvores e pensamentos

– tudo flui por igual.

Ó rio das coisas,
em cheia permanente,
arrastando-se
indomável para o mar.

Em transe e em trânsito somos,
transeuntes do acaso,
ferindo de espanto o mundo.

Em frente, motorista,
para o último motel da Praia do Futuro
— reduto orgástico da eternidade.

Reta final. A toda!

Engolir aos bocados o espaço da avenida e da vida,
com uma fome e uma tara subjetivas e insaciáveis.
Saltar com todos os sentidos
sobre o corpo ardente do instante.

Carros

praças

luzes

placas

nomes

vastidão

Ah, sofreguidão da matéria em que viajo –
a imensidão noturna sugando tudo –
desintegração súbita do carro e do pensamento –

sacolejos

poeira de luz

ruídos

sombras

faíscas

estilhaços de silêncio

cruzamentos-além

Estou indooo...

...amar o tempo,
que é esta mulher feita de carne e carícias,
que há pouco me abraçava e beijava,
no banco traseiro do táxi
– que lá fora ficou, trepidante.

Vem, ó mulher-viagem,
mergulho urbano na noite veloz.

Aproxima teu corpo do meu —
tua claridade passageira,
neste quarto de motel marinho,
cercado de ondas
e de tantas vidas agitando-se na memória.

Vem, que eu te amo,
assim suja de saliva e sonhos,
ilha do meu corpo que navego em frente ao mar.

Nus, um contra o outro,
um sobre o outro — ó tempo meu —
eu te penetro, amante,

para descobrir,
por entre as nossas coxas enlaçadas de paixão,
o absoluto, o inominável delírio do presente.

NOTA

No preparo desta antologia, fiz alterações em alguns poemas e adicionei inéditos. "Fome" e "Terra" foram escritos depois respectivamente dos poetas Attila Jozsef e Thich Nhat Hanh. "Nave-cidade" surgiu de um diálogo imaginário com Airton Monte, em algum bar perdido da Praia de Iracema. Os demais poemas decorreram do acaso e da necessidade de fazê-los (e refazê-los). Oxalá algum deles possa contigo, leitor, caminhar ao sol.

A.E.

Rio de Janeiro, 14 de março de 2015

AGRADECIMENTOS

Aos amigos, cujas sugestões, estímulo e empenho tornaram possível este livro:

Antônio Carlos Secchin
Antônio Torres
Domício Proença Filho
Eduardo Portella
Guiomar de Grammont
José Mario Pereira
Paulo Roberto Pereira
e *Sânzio de Azevedo.*

ÍNDICE

BEIRA-SOL (1997)

TRAPÉZIO [Haicais] (1985)

Este livro foi composto na tipologia Swift LT
Std Regular, em corpo 10/15, e impresso em
papel off-white no Sistema Cameron da
Divisão Gráfica da Distribuidora Record.